ELÉTRICO

© 2019 by Eduardo Ferrari

COORDENAÇÃO EDITORIAL: Eduardo Ferrari
EDIÇÃO: Ivana Moreira
CONCEPÇÃO e TEXTO: Eduardo Ferrari
PROJETO GRÁFICO e DIAGRAMAÇÃO: Danilo Scarpa e Leonardo Carvalho
ILUSTRAÇÕES: Paulo Stocker
FOTO DE CAPA: Jacomo Piccolini
REVISÃO DE TEXTO: Guilherme Semionato

Dados Internacionais de Catalogação na Publicação (CIP)
(eDOC BRASIL, Belo Horizonte/MG)

F375e   Ferrari, Eduardo.
       Elétrico / Eduardo Ferrari; ilustrações Paulo Stocker. – São Paulo (SP): Literare Books International, 2019.
       il. ; 14 x 21 cm

       ISBN 978-85-9455-164-1

       1. Ficção brasileira. 2. Literatura infantojuvenil. I. Stocker, Paulo. II. Título.
                                                         CDD 028.5

Elaborado por Maurício Amormino Júnior – CRB6/2422

---

scrittore

EDITORA SCRITTORE
Rua Haddock Lobo, 180 | Cerqueira César
01414-000 | São Paulo - SP
www.scrittore.com.br
contato@scrittore.com.br

Literare Books
INTERNATIONAL
BRASIL · EUROPA · USA · JAPÃO

LITERARE BOOKS INTERNATIONAL
Rua Antônio Augusto Covello, 472 | Vila Mariana
01550-060 | São Paulo - SP
www.literarebooks.com.br
contato@literarebooks.com.br

Esta obra integra o selo "Filhos Melhores para o Mundo", iniciativa conjunta das editoras Scrittore e Literare Books International.

Todos os direitos reservados. Não é permitida a reprodução, total ou parcial da obra, por quaisquer meios, sem a autorização prévia e expressa do autor.

O texto deste livro segue as normas do Acordo Ortográfico da Língua Portuguesa.
1ª edição, 2019
Printed in Brazil | Impresso no Brasil

EDUARDO FERRARI

ELÉTRICO

Ilustrado por Paulo Stocker

São Paulo | 2019

PARA PEDRO E GABRIEL,
meus meninos elétricos.

"Há um passado no meu presente
O sol bem quente lá no meu quintal
Toda vez que a bruxa me assombra
O menino me dá a mão"

Milton Nascimento & Fernando Brant,
"Bola de meia, bola de gude".

CAPÍTULO I

Bernardo tem sete anos e vive num bairro cheio de prédios. Ele é um menino como você, leitor. Apenas não consegue parar de pular. Isso ajuda a explicar por que é tão difícil para ele ficar quieto esperando que algo aconteça.

Se ele tem que ir do quarto até a sala, vai pulando. Se entra no carro para ir à escola, enquanto o carro estiver em movimento, ele está pulando.

Ficar numa cadeira dura como pedra enquanto a professora fala um monte de coisas que ele não entende? Só se for pulando.

Como resistir a duas horas de sessão no escuro com uma parede brilhante? Ou como deitar na cama esperando o sono chegar? Isso tudo sem dar um pulinho sequer?

Não dá, diz Bernardo para si mesmo.

Os prédios também não ajudam. Em qualquer lugar que ele vá, lá estão eles. Alguns altos, outros baixos, uns tocando o céu e outros bem nanicos.

É tanto prédio que não tem mais como ver a linha do horizonte. Bernardo pula para tentar ver onde a cidade começa ou termina. Não consegue e não desiste.

CAPÍTULO 2

Na festa de aniversário de sete anos de Bernardo veio tanta gente – primos, tios, colegas de escola, crianças e adultos de todas as idades e tons – que ele não reconhecia a maior parte daquelas pessoas. Foi uma comemoração cheia de doces, refrigerantes, pipoca e brinquedos.

No dia seguinte, Bernardo se sentia outro. Parecia que ele tinha resolvido todos os desafios da vida e que, a partir dali, tudo seria moleza. Mas então ele foi surpreendido com uma conversa de sua mãe com sua tia, a irmã mais velha dela.

– A festa foi ótima! A decoração estava linda! Todo mundo gostou. Mas foi uma pena que Bernardo tenha se comportado tão mal – disse a tia. – Você precisa educá-lo melhor!

O rosto da mãe de Bernardo na mesma hora perdeu a cor e ficou que nem papel. Ela depois rebateu:

– Você acha que ele é desse jeito porque eu o educo mal? Porque eu simplesmente quero?

O que será que minha mãe quer dizer com "desse jeito"?, pensou Bernardo. Ele ficou sem saber como ela gostaria que ele fosse.

– Não me leve a mal, mas o Bernardo é mal-educado mesmo. Fala o tempo todo, não consegue esperar sua vez nos brinquedos, entra na frente de todo mundo...

– Então é essa a opinião que você tem sobre o seu sobrinho? – disse minha mãe.

– E não é só porque a festa foi na casa "dele". Na casa dos outros ele também se comporta mal e não adianta a gente falar com ele – disse a tia.

– Nossa conversa está encerrada aqui – completou a mãe sem dar tempo para a tia dizer nem mais uma palavra.

Bernardo ficou sem entender por que o seu jeito incomodava tanto sua tia. *Afinal, festas de aniversário não são para a gente se divertir?*, questionou-se. *E meu pai ainda diz que mamãe não é brava!*, pensou Bernardo. É, sim! E riu sozinho.

CAPÍTULO 3

Sempre que vai à escola e sai à rua de mão dada com seu pai ou seu irmão mais velho, Bernardo tem por hábito contar as listras das faixas de pedestres enquanto atravessa um cruzamento.

Um, dois, três, quatro... Oito... Nove. A maioria das faixas tem oito ou nove listras. Certa vez, ele se surpreendeu com uma esquina onde o cruzamento tinha vinte listras.

– Mas que rua comprida! – disse Bernardo em voz alta para si mesmo.

Num instante, Bernardo se viu numa ponte de corda com finas tábuas de madeira atravessando um rio caudaloso. E então veio o estouro feroz da manada! Ela existe mesmo! São os carros que correm assim que a luz fica verde.

Eles dominam o mundo, pensou ele. Meu pai acha carro a "coisa" (eu disse "coisa"? Desculpe, quis dizer "pessoa") mais importante do mundo. Ai de quem arranhar o carro dele! Um dia, quando a gente não existir mais, como os dinossauros, uma civilização extraterrestre vai descobrir os fósseis da espécie dominante do planeta na nossa época e colocá-la em exposição nos museus: os carros.

Toda vez era sempre igual. Diante da rua, na beirada da calçada, seu pai dizia:

– Bernardo, para de pular!

– Eu não estou pulando. Estou pegando impulso para atravessar a rua.

Seu pai sorria calado. Bernardo também ficava em silêncio e se perguntava:
Como meu pai acha que vou conseguir atravessar a ponte sobre a rua com tantos perigos se eu não tomar impulso? Será que não estou exagerando sobre os perigos de atravessar a rua? Claro que não. Minha mãe fala o tempo todo: "Cuidado com a rua. É muito perigosa!"

Viu, não falei? Tem alguém aí na plateia capaz de duvidar da própria mãe?, pensou Bernardo.

CAPÍTULO 4

Eu sei que meu pai fica bravo. Sei que ele não gosta. Mas, quando vejo, a bagunça já está instalada. É papel, é lápis de cor, é tudo espalhado. No meio do caminho há rabiscos em todas as paredes. Meninos espaciais. Personagens dos meus desenhos favoritos. Eu até desenhei meu pai. Pena que ele não gostou.

O carro também fica cheio de papéis de balas, doces agarrados no carpete, hidrocores, bonequinhos de super-heróis e um cheiro de tutti frutti que não sai do ar. Você consegue imaginar meu pai verde de raiva com a bagunça que faço no carro dele? Ah, não, para isso você tem de estar no meu lugar. Fico encolhidinho atrás do banco do passageiro, torcendo para ele não ver que fui eu que fiz tudo aquilo.

Toda vez que Bernardo sai de casa ele tem que levar um cacareco. Vai para a escola? Leva um brinquedo. Tantas foram as vezes que a professora do segundo ano enviou um recado dizendo que só podia levar brinquedo para a escola no Dia do Brinquedo, ou seja, uma vez por semana! E não todo dia! Mas tente convencer o Bernardo disso. Ele sabe, mas não resiste. Brinquedo é uma coisa tão legal para levar...

Coisa chata é material escolar, mas isso nem precisa levar, pensa Bernardo. *Ele sempre está lá na sala de aula esperando por você.*

Quando Bernardo vai a uma festa de aniversário, ele não leva apenas o presente do aniversariante. Ele leva seu próprio brinquedo, mesmo sabendo que na festa haverá muitos brinquedos para muitas crianças, inclusive para ele. E olha que são brinquedos de que ele gosta: carrinhos, aviõezinhos, dinossauros, folhas de papel para desenhar e fantasias sem fim para vestir.

Eu prefiro sair de casa com minha própria fantasia e minha caixa de lápis de cera. Estou sempre pronto e vou brincando desde dentro do carro. Deixo meu pai maluco, mas é mais divertido, pensa Bernardo.

Meu pai fica parecendo um cachorro bravo com a bagunça que eu faço dentro do carro. Não ia ser divertido se todo mundo que sentasse no banco do motorista virasse um cachorro bravo? Isso explicaria muita coisa sobre o comportamento das pessoas no trânsito. Eu acho que nunca vou querer me sentar no banco do motorista.

CAPÍTULO 5

A mãe de Bernardo disse para ele não conversar com estranhos.

Ufa, ainda bem que a professora pediu para todos os colegas se apresentarem no primeiro dia de aula. Senão, não ia poder conversar com ninguém, pensou Bernardo.

– Qual é o seu nome? – perguntou a professora ao primeiro aluno da fila, o menorzinho de todos.

– Eu me chamo Arthur – respondeu ele.

– Boa tarde, Arthur! – disse o coral de alunos.

Bernardo tomou um baita susto! *Por um acaso eu também devia ter dito boa tarde para... Como é mesmo o nome do menino?*, pensou.

– Eu me chamo Cecília – disse a próxima da fila.

Ué, mas isso não está na ordem alfabética? A, B, C, D, E, F... Qual que vem depois mesmo?

– Eu sou o Gabriel – emendou o próximo.

Depois veio o Pedro.

Pronto. Eu não consigo me lembrar do nome nem do primeiro, quanto mais do último da fila!

– E você? Como se chama? – perguntou a professora

para Bernardo.

– Quem? Eu? Ah, eu sou o Bernardo! – respondeu.

– Boa tarde, Bernardo! – disse novamente o coral de alunos.

Bernardo tomou mais um susto. *Eles precisam mesmo aprontar essa gritaria toda?*, pensou, enquanto respirava fundo com os ouvidos tapados.

Seus colegas olhavam aquilo e não entendiam nada.

CAPÍTULO 6

Bernardo ia feliz para a escola todo dia, mas nunca conseguia se lembrar dos nomes de seus colegas. Quando voltava para casa, sua mãe perguntava como tinha sido a aula. Bernardo respondia apenas:

– Foi ótimo!

– Fez algum amiguinho novo? – perguntou a mãe.

– Fiz.

– Que bom! E como ele se chama?

– Eu não me lembro – era a resposta de Bernardo.

Parecia que as coisas não podiam ficar piores, mas ficaram. A professora disse:

– Agora vamos fazer nosso primeiro ditado para saber se vocês aprenderam as palavras que ensinei na aula passada.

Ditado? O que é isso?, perguntou-se Bernardo. *A professora ensinou alguma coisa nova na aula passada? Juro que não lembro.*

A luz amarela acendeu em cima da cabeça de Bernardo, mas ele continuava a não entender nada.

– Todos prontos? Lápis e papel sobre a carteira? – perguntou a professora à turma.

E quem não estiver pronto?, pensou alto Bernardo.

– A-tle-ta! – foi a primeira palavra ditada pela professora.

Ateetaa, escreveu Bernardo na folha, depois de refletir por alguns instantes.

– Blu-sa! – disse a professora.

Uulaa, escreveu Bernardo.

– Co-fre!

Ouee, escreveu Bernardo.

– Cri-an-ça! Da-do! Fru-ta! Li-mão! Vas-sou-ra! – recitou a professora.

Naaa, aaio, ruiaa, liiaaoo, vaaoouuaa, escreveu Bernardo.

A professora passou recolhendo as folhas. Bernardo estava feliz por não ter deixado nenhuma palavra em branco. *Ufa*, pensou ele aliviado.

CAPÍTULO 7

De repente, surgiu o Menino Aquático. Logo em seguida passos. *Splash, splash, splash.* O pai de Bernardo caminhou pela área de serviço alagada. A água não parava de subir. Não havia barulho de torneira aberta ou vazamento. O pai abriu a porta do banheiro e encontrou a pia cheia de toalhas molhadas até o chão. As toalhas, como uma cachoeira silenciosa, faziam a água jorrar sem chamar a atenção de ninguém.

– Bernardo! – gritou seu pai.

O Menino Aquático saiu de frente da televisão e correu para o quarto. Seu pai pensou em correr atrás, mas a água atravessava a cozinha e ameaçava chegar à sala. Era melhor ele resolver isso primeiro.

– Bernardo! Desce aqui! Vem ajudar a enxugar toda essa bagunça que você fez – gritou de novo seu pai.

Esfrega. Esfrega. Esfrega. O som do pano no chão. Bernardo pode ser o Menino Aquático, mas nem os seus superpoderes podem salvá-lo. Alguém na escola já havia dito a ele que superpoder não funciona com pai e mãe. *Não é que é verdade?*, suspirou Bernardo enquanto enxugava mais um pedacinho do chão sob o olhar bravo de seu pai.

Horas depois, quando a mãe chegou em casa, estava tudo sequinho. *Ufa, a identidade secreta do Menino Aquático foi mantida em segredo! Ao menos até o próximo banho*, pensou Bernardo.

A mãe de Bernardo foi pegar a correspondência quando ouviu: *ploft!* Deu mais um passo: *ploft!* Olhou ao redor, não viu nada, mas ouviu novamente: *ploft!* Olhou para o chão. Estava pisando em ovos. É verdade mesmo! Não é força de expressão. Bernardo havia acabado de arremessar uma caixa inteira de ovos, um por um, da varanda ao quintal.

– Bernardo! – gritou sua mãe.

De novo, nosso menino saiu de frente da televisão e correu para o quarto. Sua mãe pensou em correr atrás, mas os ovos espatifados deixavam o chão escorregadio e alguém podia se machucar. Era melhor ela resolver isso primeiro.

O Menino Saltitante, um dos múltiplos personagens de Bernardo, estava testando o poder dos ovos como bombinhas explosivas. O barulho não era o mesmo, mas o teste tinha sido um sucesso. O quintal era um campo minado. Difícil passar por ele sem escorregar. De onde nosso herói estava, tudo parecia um labirinto em que apenas ele podia ver a saída e a grande medusa dos cabelos negros, que tentava sempre decidir o que ele devia fazer.

– Bernardo! Desce aqui! Vem ajudar a limpar toda essa bagunça que você fez – foi a vez de sua mãe ralhar.

CAPÍTULO 8

– Professora? – chamou Bernardo.

A professora não ouviu porque estava de costas escrevendo no quadro e porque Bernardo, que era muito alto para a sua idade, estava em uma das últimas fileiras.

Ele não desistiu:

– Professora – repetiu Bernardo em um tom de voz mais alto.

Todos os colegas ao redor olharam para ele. A professora também, é claro.

– Sim, Bernardo? – respondeu ela.

Ufa, pensou ele.

– Posso ir beber água?

– Vai rapidinho porque vou começar a ditar a lição – respondeu a professora.

Bernardo pegou sua garrafinha de água. Saiu em disparada. Alguém tentou falar para ele ter cuidado, mas ele não ouviu. O bebedouro ficava quase ao lado da sala. Bebeu um pouquinho de água, encheu a garrafinha e voltou correndo para a sala. Não estava mais com sede, mas não parou de beber água. Estava geladinha e ele adorava água assim.

Dez minutos depois:

– Professora? – chamou Bernardo.

– Sim, Bernardo? – respondeu ela.

– Posso ir ao banheiro?

Todos os colegas ao redor olharam para ele. De novo. Pareciam se perguntar: *vai sair de novo, Bernardo?*

– Pode, Bernardo! Vai rapidinho porque vou corrigir a lição! – respondeu a professora.

Bernardo saiu em disparada. Ninguém tentou falar nada com ele, ele não ia ouvir mesmo. O banheiro ficava do lado oposto do bebedouro e demorou menos tempo ainda para ele ir e voltar. Quando entrou na sala, estava ofegante. Já sentia sede novamente!

Mais dez minutos se passaram:

– Professora? – chamou Bernardo. – Posso ir beber água?

Começou tudo outra vez.

CAPÍTULO 9

O pai e a mãe de Bernardo não conseguiam acreditar no que viam rabiscado na folha de papel.

ateetaa

uulaa

ouee

naaa

aaio

ruiaa

liiaaoo

vaaoouuaa

– Bernardo foi a única criança que não conseguiu acertar nenhuma palavra – disse a professora. – Sugiro que vocês procurem um especialista.

O pai e a mãe de Bernardo se entreolharam e não disseram uma palavra.

Enquanto isso, na aula de artes, Bernardo fazia o que mais gostava de fazer: desenhar. Ele é muito bom nisso. Tem sempre um lápis à mão. E, se vê um papel, pronto! Adora fazer bonequinhos, mas seus favoritos são de jogos de tabuleiros. *E para que mais iam servir os bonequinhos que eu desenho senão para jogar?*, Bernardo se pergunta.

Você joga o dado. Deu três. Um, dois, três... Avance quatro casas. Fique uma rodada sem jogar. Ganhe uma surpresa. Volte duas casas. O dia da gente se parece exatamente assim. Levante da cama, escove os dentes, tome café, faça o dever de casa.

Se encaixo essa peça nessa, formo outra maior. Nessa peça maior, encaixo mais uma peça. Em três movimentos tenho minha primeira imagem.

Contei para vocês que adoro quebra-cabeças? Faço desenhos sem parar deles. Pego meus desenhos e recorto em peças para montar. Meu pai tenta montar. Minha mãe também tenta. Até o meu irmão tenta. Nenhuma peça é igual. Só eu consigo montar de novo.

– Como vamos fazer com o Bernardo? – perguntou a mãe.

– O que foi mesmo que a professora disse que o Bernardo tem? – respondeu o pai.

– Ele tem transtorno do déficit de atenção com hiperatividade e dislexia. Eu já ouvi falar disso – responde a mãe.

– Transtorno de quê?

– TDAH é a sigla – completou a mãe.

Ah, essa parte eu ouvi a professora explicar, pensa Bernardo, sorrindo:
"TDAH é um transtorno neurobiológico, de causas genéticas, que aparece na infância e frequentemente acompanha a pessoa a vida toda. O transtorno tem como sintomas desatenção, inquietude e impulsividade. Ele é chamado às vezes só de déficit de atenção."
Mas Bernardo acha mesmo que quem criou essa sigla só pode ser desatento. Ou hiperativo. Ou inquieto. Ou impulsivo.

Eu não entendi quase nada, mas foi isso que ela disse.

Achei divertida a parte em que ela falou que isso pode ter vindo do meu pai. Ele também me parece alguém saltitante, pensa Bernardo com seus botões.

– Vamos começar com uma psicoterapeuta – sugere a mãe.

– Psico, o quê? – arremata o pai, sem ter resposta.

CAPÍTULO 10

– Nome?

– Bernardo. Meu pai e meu irmão que escolheram esse nome pra mim.

– Idade?

– Às vezes eu me sinto com quatro, outras com cinco, outras ainda com sete, mas tenho mesmo oito anos.

– Profissão?

– Criança elétrica e saltitante.

– Onde estuda?

– Na escola, no meu quarto, na varanda, até na rede eu já inventei de estudar o passarinho que pousa na árvore em frente de casa.

– Onde mora?

– Lá em casa. Ou o certo seria dizer que moro na casa dos meus pais?

Bernardo se sentia num interrogatório, como se tivessem colocado uma luz forte em cima dele e ele não pudesse ver nada além do clarão. Mas foi assim que o pai e a mãe de Bernardo conseguiram ajudá-lo. Colocaram um monte de especialistas de olho nele.

De repente, uma voz que ele não conseguia reconhecer de quem era lhe perguntou algo.

Depois, outra voz diferente perguntou mais alguma coisa. E depois outra voz e mais uma pergunta e ainda outra voz e outra pergunta.

Acho que Juliana é a psicóloga, Neiva é a terapeuta, Carolina é a fonoaudióloga, Denise é a professora particular e Valéria é a neurologista.

Ou será que a terapeuta é a Denise, a psicóloga é a Carolina, a fonoaudióloga é a Valéria, a neurologista é a Juliana e a professora particular é a Neiva?

Acho que já confundi tudo. Para mim, todas parecem professoras. Ufa! Melhor assim, eu adoro minhas professoras, pensava Bernardo aliviado.

CAPÍTULO II

Bernardo adora correr no recreio da escola. Ele sempre encontra formas novas de brincar de pega-pega. Às vezes brinca até sozinho. Para falar a verdade, na maioria das vezes ele brinca mesmo é sozinho. É fácil vê-lo correndo ao redor do pátio. Em círculos. Em zigue-zague. Ele corre tanto que seus colegas não conseguem acompanhá-lo na corrida. Logo se cansam. E param.

Nas raras vezes que para de correr, Bernardo parece estar sempre pulando entre seus colegas. Evita por um triz colisões. E continua pulando. Do pátio à lanchonete. Vai até a quadra. Atravessa os jogos de outras crianças. Pula em qualquer lugar que tenha espaço para o impulso. Ou mesmo em lugares onde não há espaço. Ele pula o tempo todo. Incessantemente. E nunca se cansa.

Bernardo sempre repara em como reparam nele. Ele finge que não percebe. Seus colegas, às vezes sozinhos, outras vezes em duplas, muitas vezes em grupos de meninos e meninas, olham para ele e pensam: *Como ele é diferente!* Mas Bernardo gosta de ser diferente. Ele viu um desenho na televisão em que diziam: *Ser diferente é bom!* E seu pai disse a mesma coisa.

– Bernardo, por que você é assim? – perguntou sua colega Fernanda, uma das poucas que teve coragem de falar com ele sobre isso.

– Assim como?

– Ah, você sabe... Assim... diferente! – afirmou Fernanda.

– Ser diferente é bom, meu pai diz – respondeu ele e saiu correndo.

Fernanda se aproximou de Letícia e disse:

– Não te falei que ele era assim?

– Esquisito... – completou Letícia.

– Diferente, eu acho que ele é diferente – disse Fernanda, sorrindo.

Enquanto isso, no pátio, Bernardo e uma porção de outros colegas corriam sem parar.

CAPÍTULO 12

Se você me vir andando por aí, pode achar que estou dançando. Muita gente que conheço fala que eu danço o tempo todo, embora outros digam mais que estou é pulando. Ora, vai ver é o meu jeito de dançar, não acha?

A gente pode dançar de muitas maneiras, mas, desde que meus pais inventaram essas consultas logo após conversarem com a minha professora, eu ando mesmo é a igual a um ioiô, subindo e descendo, indo de um lado para o outro, conforme a vontade do dono.

Meu pai me contou que a palavra "ioiô" vem do filipino e quer dizer "volte aqui". Tá vendo? Sou eu mesmo! Ouço minha mãe falar isso para mim o tempo todo: *Bernardo, volte aqui!*

Bem, aqui estou eu, com esse monte de fios ligados na minha cabeça. Fico parecendo um homem do espaço, um astronauta, explorador de mundos onde ninguém jamais esteve – acho que ouvi isso num filme com meu pai. Nas pontinhas dos fios eles colocam uma massinha gelada que me deu arrepios.

Acho que quando eu crescer quero ser astronauta, porque vi que quando eles foram à lua não caminhavam na superfície. Eles pulavam. Tem profissão melhor? Poder pular durante o trabalho? Só o canguru pode fazer isso, mas ele não pode escolher o que ser quando crescer: sempre vai ser um canguru.

Depois ligaram um aparelhinho que ficava na minha frente e começou a sair dele um papelzinho todo rabiscado em formato de fita. Eu não entendi nada, mas ouvi a Valéria, sempre vestida de branco, dizer que estava ótimo.

Eu não tenho muita certeza disso, porque ela anotou alguma coisa numa folha de papel e entregou para minha mãe, que disse:

– Pode deixar que vou comprar hoje mesmo o remédio.

Eu me lembro de tomar remédio só quando ficava doente. Será que peguei alguma coisa?

No meio do consultório andei em linha reta. Puxei forte os dedos da Valéria. Me equilibrei numa perna só. Acho que era um teste para malabarista de circo, mas eu não passei. Quando fui ao circo com minha mãe, meu pai e meu irmão, todos nós, inclusive eu, ficamos sentados na plateia mesmo e ninguém me chamou para o palco.

Eu comecei a ir toda semana às aulas de soletrar. Bem, pelo menos é assim que eu as chamo. Minha mãe chama de "fono" e a professora fala que é de "fonoaudiologia". Você ainda não viu nada, tem nome pior do que esse nos lugares onde me levam. Prefiro mesmo dizer que estou "soletrando" ou treinando a língua.

Todas as pessoas, começando pela minha avó, passando pelo meu pai, indo pelo meu irmão e chegando até os meus colegas que já aprenderam antes de mim, dizem que eu preciso aprender a ler. Ainda não descobri por que motivo, mas toda vez que eu chego perto de um par de letras as pessoas tentam me fazer lê-las.

P+A, PA. T+O, TO. PATO.

Soletram lentamente para mim. Repetem mais devagar. E mais uma vez, quase parando. Não entendo nada. Repito, mas não me peçam para fazer isso sozinho ou com uma palavra que nunca vi.

E+S, ES. C+O, CO. L+A, LA. ESCOLA. É impressão minha ou tem duas palavras numa só?

– Vamos lá, Bernardo. Vamos destravar essa língua – dizia Carol, a fonoaudióloga.

"Três pratos de trigo para três tigres tristes.
Três tigres tristes para três pratos de trigo."

CAPÍTULO 13

Entrar no quarto do meu irmão é proibido. Pelo menos eu já ouvi todo mundo dizer isso lá em casa. Eu coloco um pé perto da porta e logo escuto:

– Não entra no quarto do seu irmão, Bernardo! Ele vai brigar com você!

Dizem que eu mexo onde não devo, mas eu faço isso em todo lugar, não só no quarto dele, ora. Como será que ele consegue entrar lá se é proibido? Eu também já entrei lá com ele e não me aconteceu nada. Vai ver ele tem algum tipo de campo de força que o protege e a quem estiver com ele no quarto...

Meu irmão é o Lucas. Ele não é difícil de entender. Difícil é entender a mesa do quarto dele. Tem caixa de videogame, tem livro aberto, tem livro fechado, tem carregador de celular, tem violão, tem lápis espalhado, encontrei até uns desenhos que fiz para ele. Aposto que se eu mexesse naquilo ninguém iria notar a diferença. Como será que ele consegue fazer o dever de casa numa mesa como aquela?

Eu perguntei para Neiva, minha psicoquê (foi assim que eu ouvi meu pai falar dela na primeira vez), se existe algum poder cerebral, tipo o que a gente vê em desenhos, quando os personagens pensam e as coisas saem voando no ar. Ela me disse que isso não existe. Pode ser, mas eu acho que ela está enganada.

Outro dia mesmo, eu e meu irmão éramos quase do mesmo tamanho – ele é quatro anos mais velho do que eu –, mas de repente ele ficou do tamanho do meu pai. Ele só pode ter superpoderes para ter crescido assim. Meu pai fala para eu não me preocupar porque eu também vou crescer como eles. Mal posso esperar para meus poderes surgirem também.

Neiva sempre me pergunta sobre meu pai e meu irmão. O que posso dizer é que os dois são muito bravos. Não, não são bravos comigo. São bravos com todo mundo. Eu morro de medo de ficar bravo como eles, mas se for verdade que vou crescer e ficar grande como eles acho que não vai ter muito jeito, não.

Meu pai, ainda por cima, é muito mandão, mas eu gosto muito que todo mundo faz o que ele manda. Eu sempre conto isso rindo para a Neiva durante nossos encontros e ela ri de volta.

– Bernardo, nem sempre ser "mandão" é uma coisa boa. Existem outras formas de resolver as coisas do que apenas dizer para os outros te obedecerem.

– Eu sei, mas ele não faz por mal. É o jeito dele. Eu gosto do jeito do meu pai.

Nós dois não conseguimos segurar a gargalhada. Mas então... *toc, toc, toc*. Alguém bateu à porta do consultório. Ah, que pena, acabou o tempo da conversa com a Neiva. Agora só semana que vem. Espero que ela não entre de férias nunca.

CAPÍTULO 14

– Wilson! Desculpe, Wilson!

Bernardo assistia ao filme ao lado de seu pai. Wilson, a bola de vôlei, se perdeu no mar. O único amigo do náufrago foi ficando cada vez mais distante e o personagem teve de escolher entre salvá-lo ou salvar-se.

O pai de Bernardo estava procurando algo para ver na televisão quando se deparou com o filme a que já assistiu várias vezes, mas que para o menino era novidade. Um único personagem numa ilha sozinho por quase duas horas? Ah, isso era novidade. *Valia a pena ver com ele*, pensou seu pai.

Bernardo ficou em silêncio. Mais uma novidade. Em geral, ele não parava de comentar todas as cenas dos filmes, narrando tudo que acabava de ver. Seu irmão mais velho não gostava de ir ao cinema com ele justamente por causa dessa "falação", como diziam.

Quando o filme terminou, era quase hora de dormir. Bernardo se levantou do sofá. Foi até o banheiro, escovou seus dentes e, sem dizer uma palavra, foi para seu quarto. Deitou-se e se cobriu até a cabeça. Seu pai havia lhe preparado seu achocolatado noturno e caminhava da cozinha até o quarto. A cada passo que ouvia, Bernardo cobria mais a cabeça.

– Aqui está seu Toddy. Boa noite, querido – disse seu pai sem reparar na cena e indo em direção ao escritório, onde ainda tinha tarefas a fazer antes de dormir.

Sentou-se e ligou o computador. Então se deu conta. *Bernardo nesse silêncio na hora de dormir? Não me chamou nenhuma vez? Algo está errado.* Apertou o passo para ir ao quarto do filho quando ouviu:

– Papai!

– O que houve? – respondeu, já na porta.

– O que será que aconteceu com o Wilson? – perguntou o menino com os olhos cheios de lágrimas.

– Bem, você sabe, ele se perdeu no mar...

– Eu não ia querer perder um dos meus amigos no mar!

– Mas você viu que no fim do filme ele estava com o Wilson novinho em folha no carro!

– Tem certeza de que era ele? – perguntou Bernardo.

Bernardo se sentou ao lado do pai na cama e começou a mostrar vários objetos de seu quarto que também tinham nome. Não era nome de gente, mas nomes que ele inventava. Era desses amigos que ele estava falando quando disse que não gostaria de perdê-los no mar.

Seu pai então pegou seu celular e mostrou no YouTube um vídeo em que o personagem principal do filme, o ator americano Tom Hanks, reencontrava Wilson num jogo de beisebol a que foi assistir.

– Está vendo, Bernardo? Wilson está bem! Ele se perdeu apenas no filme. Seus amigos também vão ficar bem.

Ninguém vai se perder no mar ou em qualquer outro lugar.

– Ufa! Acho que agora eu posso dormir, então – disse Bernardo, enxugando seu rosto e pegando seu achocolatado para tomar.

– Sim, pode dormir em paz. Boa noite, querido! – respondeu o pai.

CAPÍTULO 15

Este sou eu fazendo barulho de careta: *blargh! blorgh! blurgh!* Que gosto é esse deste remédio? É horrível. Minha mãe fala que tenho que beber, então eu bebo. Mas é amargo demais. *Vou ter uma conversa séria com a Valéria. Ela não podia ter receitado um remédio mais gostoso?*, pensou Bernardo.

– Engoliu tudo, Bê? – perguntou minha mãe. – Vai te fazer bem.

Ela só me chama de "Bê" quando quer muito, mas muito mesmo, fazer charme comigo. Eu acho bonitinho.

Todo mundo tem um apelido desses em casa, não? Gabriel costuma ser Biel, Pedro vira Pepê e Eduardo em geral é Dudu. Mas só minha mãe me chama pelo apelido. Quando isso acontece, eu derreto todo e faço qualquer coisa que ela pede. Até tomar remédio com gosto horrível!

– Está pronto, Bernardo? – perguntou Denise, a professora particular.

Pronto para o quê?, se perguntou em silêncio Bernardo. Antes que um som saísse de sua boca, ele ouviu:

– Vamos começar pelo bê-á-bá. E, não se preocupe, vamos encontrar o melhor ritmo para você aprender a ler e a escrever.

Método do bê-á-bá, Bernardo ouviu a professora Denise explicar ao pai, é quando o aluno usa os fonemas básicos que futuramente irão compor as palavras como ponto de partida para a alfabetização. Também é conhecido atualmente como "fônico". É um método muito antigo e é o mais usado no mundo. Por ele aprenderam escritores como Machado de Assis, Carlos Drummond de Andrade e Vinicius de Moraes. *Até meu pai*, disse ela.

Bernardo ficou curioso para saber quem eram os tais escritores – eles pareciam importantes! –, mas deixou a pergunta para depois quando ouviu a Denise dizer que há escolas e professores que escolhem a ausência de método, o não método. *Que confusão*, pensou.

"Alecrim, alecrim dourado
Que nasceu no campo
Sem ser semeado

Foi meu amor
Quem me disse assim
Que a flor do campo
É o alecrim."

A professora Denise leu para Bernardo. Ele se divertiu com as rimas e as palavras repetidas. *Assim fica fácil*, pensou ele.

– Agora, vamos aprender como se escreve cada uma das palavras desses versos – disse Denise.

CAPÍTULO 16

Zap! Tchum! Brum!... Bernardo cantarolava sem parar. Corria para a sala – zona neutra – em busca de uma missão, entrava correndo no quarto do irmão e saía o mais rápido possível – era território inimigo. E, antes que sua mãe pudesse chamar sua atenção, voltava mais rápido ainda para a segurança do seu quarto – seu esconderijo secreto.

– Bernardo, não arraste o lençol no chão – disse seu pai.

– Mas é minha capa de super-herói – respondeu.

– Qual super-herói você é hoje? – perguntou o irmão.

– Eu acho que sou o SuperMorcego. Mas também gosto da ideia de ser o Senhor Elétrico. Principalmente depois que ganhei minha pistola espacial.

Zap! Tchum! Brum!..., fazia o som do brinquedo toda vez que Bernardo puxava o gatilho.

Ah, então foi daí que ele tirou esses sons, pensou seu pai. Ele só conseguia torcer para que a bateria acabasse logo.

– Quem foi mesmo que deu esse brinquedo estridente pra ele? – perguntou o pai.

– Foi seu irmão, padrinho dele – respondeu a mãe.

– Ah, é mesmo! Deixa eu anotar aqui: dar um presente barulhento de volta para o filho dele, de preferência uma bateria – disse papai, e então se lembrou: – Bernardo, para de arrastar o lençol no chão!

CAPÍTULO 17

Cola, tesoura, lápis de cor. Corre do quarto para a sala. Papel, fita, apontador. Corre da sala para o quatro.

– Pai, me faz uma capa de super-herói? – pediu Bernardo.

– Mas, Bernardo, você se lembra daquele desenho de que você gosta tanto em que uma personagem dizia: "Nada de capa?" – respondeu o pai, tentando escapar da tarefa.

– Mas eu adoro capa. E se os meus amigos também quiserem fazer uma? Eu preciso mostrar pra eles.

O pai de Bernardo suspirou, mas sentou à mesa da sala para fazer a capa. Tesoura, tesoura, papel, papel. Corta, corta.

Enquanto isso, Bernardo rabiscava uma enorme letra B vermelha em outra folha de papel.

– Falta a máscara! Senão todos vão descobrir a minha identidade secreta.

Mais um suspiro do pai.

– Vou terminar a capa e faço a máscara também – respondeu o pai. – Que tipo de máscara você quer?

– Quero aquela que protege apenas os olhos. Gosto do vento no meu cabelo quando estou correndo.

A capa foi a primeira a ficar pronta. Enquanto o pai de Bernardo media o tamanho da máscara em seu rosto, Bernardo já tinha feito dez corridas entre a sala e o quarto.

– Não era melhor você colorir no seu quarto ou trazer todos os lápis de cor pra sala em vez de ficar indo e voltando de um lugar ao outro só pra pegar um lápis ou apontar esse que você está usando? – perguntou o pai.

– Eu ia ficar menos cansado, mas não ia poder correr entre o quarto e a sala se fosse desenhar em um ou trazer todos os lápis para o outro. Assim é mais divertido e eu ainda aposto corrida com os vilões que estão atrás de mim – respondeu Bernardo.

– Que vilões? – indagou o pai de Bernardo antes de o menino sair porta afora. Correndo, é claro.

Não demorou muito e Bernardo estava de volta.

– Pai!

– O que houve, Bernardo?

– Vem aqui na sala!

Quando seu pai entrou na sala, lá estava Bernardo e mais quatro amigos do seu prédio.

– Pai, todos querem uma capa e uma máscara igual a minha!

E uma fila com as crianças segurando folhas de papel se formou diante dele.

CAPÍTULO 18

Zoim! Zum! Zap! Todo dia, ao acordar, Bernardo ligava o computador de segunda mão que ganhou de seu pai. Ele fazia aquele ruído engraçado de corrente elétrica. Parecia que ia explodir. Era assustador, mas depois de alguns segundos o som quase desaparecia.

Bernardo tinha seu próprio mundo dentro dele. Um mundo feito de blocos que ele mesmo construiu. Esse mundo tinha um nome em inglês que ele não sabia o que significava, mas, quando perguntou a seu pai o que era, gostou da explicação:

– *Mine* significa *meu* e *craft* é *construção*. Juntando tudo, *Minecraft* quer dizer *minha construção* – explicou.

Minha construção? Não sei se é verdade, mas adorei isso, pensou Bernardo.

Bloco em cima, bloco embaixo. Opa, coloquei um a mais. Apaga isso. Mais um. Outro. Agora, sim.

– Pai! Vem cá!

– O que foi, Bernardo? Papai está atrasado para o trabalho.

– Vem cá, pai. Por favor!

– Pronto, cheguei. O que foi?

– Escreve pra mim: super-herói!

– Super-herói? No computador?

– No mod do Minecraft, pai! Para eu baixar e construir coisas nesse tema. Tem vários mundos de super-heróis!

– Mod? De modificação? É isso?

– Pai! Você não precisa entender o que significa. Só precisa digitar pra eu encontrar o mundo que eu quero.

– S-U-P-E-R H-E-R-Ó-I. Pronto, digitei, mas essa é uma palavra que você sabe escrever, Bernardo!

Quase imediatamente surgiu na tela uma lista sem fim dos tais mods, e Bernardo nem se lembrava mais do que seu pai falou sobre escrever.

CAPÍTULO 19

– Bernardo, você pode parar de pular? – pediu seu pai.

– Eu não estou pulando, papai! Eu estou animado! – respondeu Bernardo entre um pulo e outro.
– Querido, eu estou ouvindo você pular. O teto da sala está até tremendo.

– Desculpa! – gritou Bernardo.

Logo em seguida seu pai continuou ouvindo: *Tchum! Tchum! Tchum!* Não eram mais os pulos do menino, mas os sons de sua imitação de raios laser e batalhas intergalácticas imaginárias.

Bernardo olhava ao redor do quarto e, enquanto a maioria das pessoas via apenas paredes brancas, ele via o espaço profundo, de todas as cores, infinito e de infinitas possibilidades.

Não havia lugar melhor para brincar em casa do que o seu quarto. Quando estava na sala, se tirasse algo do lugar, logo diziam: *Não faz isso, menino.* Se ele ficava em frente à televisão, logo ouvia: *Não fica tão perto da tela. Faz mal.* Mas, se queria brincar, logo diziam: *Vai brincar no seu quarto.* O quarto dele era a fronteira do tudo-pode.

O quarto de Bernardo é um capítulo à parte. Tudo que entra por lá fica por lá. Bernardo já perdeu dois brinquedos, um deles que ganhou de presente de Natal quando viajava com a família aos Estados Unidos. Eles nunca mais foram encontrados. Ninguém se lembra de ter visto o menino sair de casa com os brinquedos, mas eles sumiram depois da última vez em que foram vistos em seu quarto. Isso apenas reforça as histórias que todos ouvimos de que os brinquedos têm mesmo vida quando ninguém está olhando para eles.

Às vezes, quando Bernardo está sozinho no quarto, os pulos param por um instante, e é possível ouvi-lo conversando sozinho, aliás, sozinho, não, com seus brinquedos. Seu pai acha que é preciso ser muito especial para que seus brinquedos falem com você.

– Bernardo – disse seu pai –, é hora de dormir!

CAPÍTULO 20

Bernardo foi o primeiro a receber a prova. Agora ele se sentava bem à frente, pertinho da professora.

1) Veja como uma criança escreveu uma parlenda e reescreva-a com as palavras separadas.

Joãozinhoéumbomguiador
Quandofaltagasolina
Elefazxixinomotor.

Bernardo escreveu:

Joãozinho é um bom guiador
Quando falta gasolina
Ele faz xixi no motor.

2) As palavras do trava-língua estão todas juntas. Separe-as.

OratoroeuaroupadoreideRoma.
Arainhaderaivaroeuoresto.

Bernardo escreveu:

O rato roeu a roupa do rei de Roma.
A rainha de raiva roeu o resto.

A professora circulava entre as carteiras, observando os alunos solucionarem as questões. Ela sorriu ao ver os acertos de Bernardo.

CAPÍTULO 21

Alguns meses se passaram. Bernardo acordou e, como de costume, custou a abrir os olhos. Quando o fez, lembrou-se de que o dever de casa estava atrasado. *Peraí,* Bernardo assustou-se, *estou me lembrando de alguma coisa da escola! Isso é novidade!*

Pulou da cama, correu ao banheiro, num instante estava de volta à mesa do seu quarto, livro aberto, lápis na mão. Leu uma palavra: B+O, BO. L+A, LA. BOLA. Logo depois, uma frase: "Gabriel jogou a bola." Leu *uma* frase? Bernardo não se lembrava de ter feito isso sozinho antes.

Foi quando concentrou o olhar no livro. Ele estava colorido. Tinha tantas cores, nunca havia notado a quantidade! Olhou ao redor e seu quarto também parecia diferente.

O lugar sempre tão radiante dessa vez parecia estar sem cor. Tudo era preto e branco.

– Bernardo! – chamou sua mãe. – Vem tomar seu remédio!

Bernardo tomou mais uma dose do remédio. Fazia meses que tomava todas as manhãs. Hoje o gosto foi diferente. Não amargava mais. Bebeu seu achocolatado por cima e, como de costume, correu ao seu quarto para trocar de roupa.

– Está na hora de irmos pra aula de reforço. Vamos? – disse seu pai.

– Tô indo – respondeu Bernardo, deixando os brinquedos para trás e saindo em disparada.

Foi a primeira vez que ele não quis levar nada com ele. Isso nem passou por sua cabeça.

FIM

O AUTOR

O escritor Eduardo Ferrari divide seu tempo entre seus textos, seus meninos – Pedro, de 14 anos, e Gabriel, de dez –, e as cidades de São Paulo e de Belo Horizonte. Jornalista com experiência corporativa de mais de 25 anos, descobriu que tinha sintomas do TDAH numa consulta em que uma psicoterapeuta enumerou as características sobre desatenção, déficit de aprendizagem e inquietude nas crianças, e ele reconheceu mais do que as semelhanças físicas com seus filhos. Foi assim, sem anestesia, que soube que o tal transtorno neurológico tem causas genéticas e frequentemente acompanha o indivíduo por toda a sua vida.

Edu sempre foi uma criança difícil. Quando menino, seu apelido era "Grandão", não só pelo seu tamanho, mas principalmente pelo modo desajeitado como quebrava tudo. Ele também se alfabetizou tardiamente, depois dos oito anos de idade. Não que esse pequeno atraso tenha feito alguma diferença em sua vida adulta, mas ele se lembra do quanto foi difícil juntar uma letra com outra para formar as primeiras palavras e depois frases.

Ficou imaginando que muitos colegas de trabalho, em diversas empresas por onde passou, sofreram com seus sintomas de TDAH sem que nenhuma das partes soubesse a razão. Entretanto, reconhece que quem mais sofre com o diagnóstico tardio dele é sua esposa, a também jornalista Ivana Moreira, que tem de lidar com três meninos elétricos em casa.

www.instagram.com/eduardoferrari_

O ILUSTRADOR

O artista plástico e cartunista Paulo Stocker é quem dá vida ao nosso Bernardo. *Elétrico* é seu primeiro trabalho como ilustrador de um livro infantil, mas não é a primeira vez que ele retrata crianças em sua obra. Uma de suas criações mais icônicas trata justamente da relação de um pai moderno com sua filha nas tirinhas "Clóvis e Augusta". Foi inspirado em sua própria realidade e no relacionamento que construiu ao longo de uma década com a filha Teodora que veio a matéria-prima para as tirinhas do cartunista.

No mundo dos quadrinhos, Teodora virou Augusta, uma homenagem à rua onde a família mora e por onde pai e filha caminham diariamente para ir à escola, ao mercado, ao futebol... Sem querer, Stocker virou referência para um novo modelo de paternidade, exercida com tanta intensidade quanto à maternidade. Agora, ele nos brinda com as ilustrações deste livro que o caro leitor tem em mãos.

www.instagram.com/clovis_stocker

Este livro foi composto com tipologia Candara e KG Blees Your Heart e impresso em papel couché fosco noventa gramas no trigésimo quarto ano da primeira publicação de *Calvin and Hobbes* (Calvin e Haroldo, no Brasil), série de tirinhas criada, escrita e ilustrada pelo autor norte-americano Bill Watterson.

São Paulo, abril de dois mil e dezenove.